SOMOS UNA HUMANIDAD

Escrito e ilustrado por Melissa López Charepoo

Texto e ilustraciones
© 2021 Melissa López Charepoo

Primera edición publicada en 2021. Reimpresión 2026.

ISBN 978-1-971750-17-0 (tapa blanda)

"Sois los frutos de un solo árbol y las hojas de una misma rama. Trataos unos a otros con el mayor amor y armonía, con amistad y compañerismo. ¡Aquel que es el Sol de la Verdad es Mi testigo! Tan potente es la luz de la unidad que puede iluminar a la tierra entera."

-Bahá'u'lláh-

Somos una humanidad.

Somos las hojas de una misma rama.

Somos las
flores de
un mismo
prado.

Somos los leones de un mismo matorral.

Somos las
olas de
un mismo
mar.

Somos los dedos de una misma mano.

Somos los
pájaros de
un mismo
jardín.

Somos las plantas de un mismo huerto.

Somos una humanidad.

Somos las
estrellas de
un mismo
cielo.

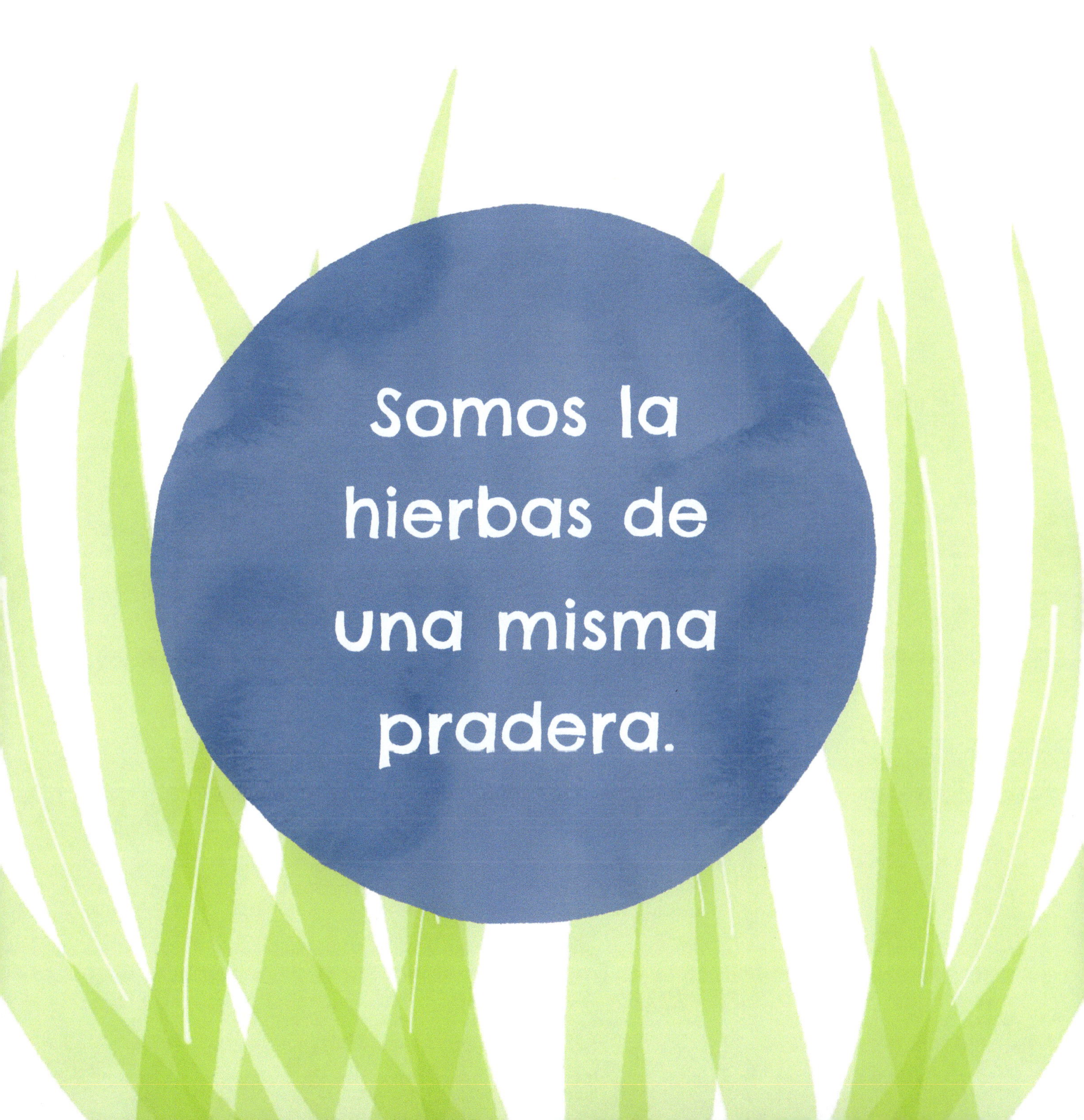

Somos la
hierbas de
una misma
pradera.

Somos las
gotas de
un mismo
océano.

Somos las
rosas de
un mismo
jardín.

Somos los
rayos de
un mismo
sol.

Somos las
perlas de
un mismo
océano.

Somos los
frutos de
un mismo
árbol.

Somos una humanidad.

Para obtener más información sobre la Fe Bahá'í, por favor visite:

www.bahai.org

Referencias

Sois los frutos de un solo árbol y las hojas de una misma rama. Trataos unos a otros con el mayor amor y armonía, con amistad y compañerismo." - Bahá'u'lláh

Todos vosotros sois hojas de un mismo árbol y gotas de un solo océano." - Bahá'u'lláh

Sed como los dedos de una mano y como los miembros de un solo cuerpo." - Bahá'u'lláh

Ellos son las plantas de Tu huerto, las flores de Tu prado, las rosas de Tu jardín." - 'Abdu'l-Bahá

Oh Proveedor! El más caro deseo de este siervo de Tu Umbral es contemplar a los amigos de Oriente y Occidente en un estrecho abrazo; presenciar a todos los miembros de la sociedad humana reunidos con amor en una única gran asamblea, como gotas de agua recogidas en un mar inmenso; verlos a todos como aves en un mismo jardín de rosas, como perlas de un mismo océano, como hojas de un mismo árbol, como rayos de un mismo sol." - 'Abdu'l-Bahá

Que seáis como las olas de un solo mar, estrellas de un mismo cielo, frutos adornando el mismo árbol, rosas de un solo jardín, para que mediante vosotros la unidad de la humanidad establezca su templo en el mundo de la humanidad, porque vosotros sois los únicos llamados a levantar la causa de la unidad entre las naciones de la tierra."- 'Abdu'l-Bahá

Todos debemos considerarnos como hojas, ramas y frutos de un árbol, hijos de un hogar; pues todos descendemos de la progenie de Adán. Somos olas de un mar, hierbas de la misma pradera, estrellas en el mismo cielo; y encontramos refugio en el divino Protector universal." - 'Abdu'l-Bahá

Vosotros sois las olas de un mar, los rayos de un sol, las flores de un jardín, los leones de un matorral, los pájaros de un prado y las flores fragantes de un jardín de rosas: por tanto, seáis como una sola alma."- 'Abdu'l-Bahá

Agradecimientos:

Mi amado esposo Darioush Charepoo por todo su apoyo.

Nuestros queridos muchachos por ser la inspiración.

Leanna Guillén Mora por ayudar con la corrección del libro.